POESIE FÜR KINDER

Theodor Fontane

John Maynard

mit Bildern von Tobias Krejtschi

KINDERMANN VERLAG

John Maynard!
»Wer ist John Maynard?«

»John Maynard war unser Steuermann,
aushielt er, bis er das Ufer gewann,
er hat uns gerettet, er trägt die Kron',
er starb für uns, unsre Liebe sein Lohn.
John Maynard.«

Die »Schwalbe« fliegt über den Eriesee,
Gischt schäumt um den Bug wie Flocken von Schnee,
von Detroit fliegt sie nach Buffalo –
die Herzen aber sind frei und froh,
und die Passagiere mit Kindern und Fraun
im Dämmerlicht schon das Ufer schaun,
und plaudernd an John Maynard heran
tritt alles: »Wie weit noch, Steuermann?«
Der schaut nach vorn und schaut in die Rund:
»Noch dreißig Minuten ... halbe Stund.«

Und die Passagiere, bunt gemengt,
am Bugspriet stehn sie zusammengedrängt,

am Bugspriet vorn ist noch Luft und Licht,
am Steuer aber lagert sich's dicht,
und ein Jammern wird laut: »Wo sind wir? Wo?«
Und noch fünfzehn Minuten bis Buffalo. –

Das Schiff geborsten. Das Feuer verschwelt.
Gerettet alle. Nur einer fehlt!

Alle Glocken gehn; ihre Töne schwelln
himmelan aus Kirchen und Kapelln,
ein Klingen und Läuten, sonst schweigt die Stadt,
ein Dienst nur, den sie heute hat:
Zehntausend folgen oder mehr,
und kein Aug' im Zuge, das tränenleer.

Sie lassen den Sarg in Blumen hinab,
mit Blumen schließen sie das Grab,
und mit goldner Schrift in den Marmorstein
schreibt die Stadt ihren Dankspruch ein:
»Hier ruht John Maynard! In Qualm und Brand
hielt er das Steuer fest in der Hand,
er hat uns gerettet, er trägt die Kron',
er starb für uns, unsre Liebe sein Lohn.
John Maynard.«

John Maynard

John Maynard!

»Wer ist John Maynard?«

»John Maynard war unser Steuermann,
aushielt er, bis er das Ufer gewann,
er hat uns gerettet, er trägt die Kron',
er starb für uns, unsre Liebe sein Lohn.
John Maynard.«

Die »Schwalbe« fliegt über den Eriesee,
Gischt schäumt um den Bug wie Flocken von Schnee,
von Detroit fliegt sie nach Buffalo –
die Herzen aber sind frei und froh,
und die Passagiere mit Kindern und Fraun
im Dämmerlicht schon das Ufer schaun,
und plaudernd an John Maynard heran
tritt alles: »Wie weit noch, Steuermann?«
Der schaut nach vorn und schaut in die Rund:
»Noch dreißig Minuten ... halbe Stund.«

Alle Herzen sind froh, alle Herzen sind frei –
da klingt's aus dem Schiffsraum her wie Schrei,
»Feuer!« war es, was da klang,
ein Qualm aus Kajüt' und Luke drang,
ein Qualm, dann Flammen lichterloh,
und noch zwanzig Minuten bis Buffalo.

Und die Passagiere, bunt gemengt,
am Bugspriet stehn sie zusammengedrängt,
am Bugspriet vorn ist noch Luft und Licht,
am Steuer aber lagert sich's dicht,
und ein Jammern wird laut: »Wo sind wir? Wo?«
Und noch fünfzehn Minuten bis Buffalo. –

Der Zugwind wächst, doch die Qualmwolke steht,
der Kapitän nach dem Steuer späht,
er sieht nicht mehr seinen Steuermann,
aber durchs Sprachrohr fragt er an:
»Noch da, John Maynard?«
»Ja, Herr. Ich bin.«
»Auf den Strand! In die Brandung!«
»Ich halte drauf hin.«
Und das Schiffsvolk jubelt: »Halt aus! Hallo!«
Und noch zehn Minuten bis Buffalo. – –

»Noch da, John Maynard?« Und Antwort schallt's
mit ersterbender Stimme: »Ja, Herr, ich halt's!«
Und in die Brandung, was Klippe, was Stein,
jagt er die »Schwalbe« mitten hinein.
Soll Rettung kommen, so kommt sie nur so.
Rettung: der Strand von Buffalo!

Das Schiff geborsten. Das Feuer verschwelt.
Gerettet alle. Nur einer fehlt!

Alle Glocken gehn; ihre Töne schwelln
himmelan aus Kirchen und Kapelln,
ein Klingen und Läuten, sonst schweigt die Stadt,
ein Dienst nur, den sie heute hat:
Zehntausend folgen oder mehr,
und kein Aug' im Zuge, das tränenleer.

Sie lassen den Sarg in Blumen hinab,
mit Blumen schließen sie das Grab,
und mit goldner Schrift in den Marmorstein
schreibt die Stadt ihren Dankspruch ein:
»Hier ruht John Maynard! In Qualm und Brand
hielt er das Steuer fest in der Hand,
er hat uns gerettet, er trägt die Kron',
er starb für uns, unsre Liebe sein Lohn.
John Maynard.«

Anmerkungen

Theodor Fontane, *1819 im brandenburgischen Neuruppin, †1898 in Berlin, gilt als Schöpfer des deutschen realistischen Gesellschaftsromans und zählt bis heute zu den bedeutendsten Balladendichtern. Fontane schrieb schon früh Gedichte und träumte von einem Leben als freier Schriftsteller, arbeitete nach einer Apothekerlehre in Berlin aber zunächst einige Jahre in seinem Beruf. In den Jahren 1855 bis 1859 lebte er in London, wo ihn vor allem die Balladen schottischer Dichter inspirierten. Nach seiner Rückkehr entstanden die ersten Texte über seine Heimatstadt Neuruppin. In den noch heute beliebten »Wanderungen durch die Mark Brandenburg« (1862 – 1888) beschreibt Fontane Land und Leute und zeichnet beeindruckende Porträts und Stimmungsbilder. Eine Anstellung als Journalist und Theaterkritiker in Berlin ermöglichte ihm endlich die Existenz als freier Schriftsteller. In dieser Zeit schuf er so bedeutende Werke wie »Irrungen und Wirrungen« (1888) oder »Effi Briest« (1895), in denen er sich als kluger Beobachter der Gesellschaft des ausgehenden 19. Jahrhunderts zeigt. 1891 wurde Fontane mit dem Schillerpreis ausgezeichnet. Er starb am 20. September 1898 in Berlin.

John Maynard, erstmals in der »Berliner Bunten Mappe« (1886) erschienen, ist eine der bekanntesten Balladen von Theodor Fontane. Der Autor greift hier ein tatsächlich geschehenes Unglück auf dem Eriesee im Jahre 1841 auf, bei dem ein Passagierschiff infolge einer Explosion in der Nacht vom 8. auf den 9. August in Brand geriet. Anders als in Fontanes Lyrik gelang es dem Steuermann nicht, das brennende Schiff sicher an Land zu setzen und mehr als 180 Menschen starben. Über das Schicksal des Ruderführers, der in Wahrheit Luther Fuller hieß, sind verschiedene Quellen zu finden. Einige besagen, dass Fuller bei dem Unglück ums Leben kam, während andere davon ausgehen, dass er schwer verletzt überlebte, aber sein Leben lang unter der seelischen Belastung litt.

Tobias Krejtschi, 1980 in Dresden geboren, studierte von 2003 – 2008 Illustration an der Hochschule für Angewandte Wissenschaften Hamburg (HAW) und arbeitet seit Jahren als freischaffender Illustrator für verschiedene Agenturen, Zeitschriften- und Buchverlage. Sein Bilderbuchdebüt »Die schlaue Mama Sambona«, das bereits während seines Studiums erschien, schaffte es sogleich auf die Nominierungsliste des Deutschen Jugendliteraturpreises 2008. Seitdem hat er zahlreiche Bilderbücher illustriert.

POESIE FÜR KINDER

© Kindermann Verlag, Berlin 2008
Alle Rechte vorbehalten
4. Auflage 2022
Illustrationen: Tobias Krejtschi
ISBN 978-3-934029-66-8
Druck: PBtisk a.s., Příbram (Tschechien)

www.kindermannverlag.de
Instagram: @kindermannverlag